MINISTÈRE DU TRAVAIL
ET DE LA PRÉVOYANCE SOCIALE

DIRECTION DE L'ASSURANCE ET DE LA PRÉVOYANCE SOCIALES

HABITATIONS À BON MARCHÉ

STATUTS-TYPES

POUR

LES SOCIÉTÉS DE CONSTRUCTION ET DE CRÉDIT

(1907)

PARIS

IMPRIMERIE NATIONALE

MDCCCCVII

TABLE DES MATIÈRES.

NOTA. Le texte des *lois et règlements sur les habitations à bon marché* est envoyé *gratuitement* à toute personne qui en fait la demande (sans affranchissement) au Ministre du travail et de la prévoyance sociale (Direction de l'assurance et de la prévoyance sociales, 80, rue de Varenne, Paris, VIIe).

Les intéressés peuvent aussi demander des documents et des conseils à la *Société française des habitations à bon marché* (4, rue Lavoisier, Paris, VIIIe).

DIRECTION DE L'ASSURANCE ET DE LA PRÉVOYANCE SOCIALES.

HABITATIONS À BON MARCHÉ.

I

STATUTS-TYPES [1]

DE

SOCIÉTÉS DE CONSTRUCTION ET DE CRÉDIT

RÉGIES PAR LA LOI DU 12 AVRIL 1906.

(FORME COOPÉRATIVE.)

ARTICLE PREMIER.

Il est formé entre les souscripteurs des actions ci-après, et tous ceux qui seront ultérieurement admis, une société anonyme coopérative à

[1] **Les statuts peuvent être établis :** soit par acte sous seing privé (il est préférable d'en faire quatre originaux, dont deux serviront à la publication légale), soit par acte notarié. Dans tous les cas, la souscription intégrale des actions et le versement exigé par la loi doivent être constatés par une déclaration des fondateurs dans un acte notarié.

Si les statuts sont *identiquement* conformes au présent type, ils pourront être l'objet d'une approbation *immédiate* Dans le cas contraire, ils seront préalablement soumis à un examen spécial du Comité de patronage et du Comité permanent du Conseil supérieur des habitations à bon marché.

Dans tous les cas, les projets de statuts devront être adressés au Ministre du travail et de la prévoyance sociale, *en trois exemplaires*, par les fondateurs de la société. Lorsque l'approbation ministérielle sera intervenue, les fondateurs devront procéder, au plus tard dans les six mois de cette approbation, à la constitution définitive de la société.

Tous les actes nécessaires, avant l'approbation du Ministre du travail et de la prévoyance sociale, à la rédaction des statuts ou à la constitution de la société bénéficient par avance des exemptions fiscales spécifiées à l'article 11 de la loi du

capital variable régie par les présents statuts et par les lois en vigueur tant sur les sociétés que sur les habitations à bon marché.

ART. 2.

La société a pour objet de réaliser, dans les conditions et pour l'application de la législation sur les habitations à bon marché, soit l'acquisition, la construction, la vente ou la location d'habitations salubres et à bon marché, ainsi que de leurs dépendances ou annexes, telles que jardins, bains et lavoirs, soit l'amélioration et l'assainissement d'habitations existantes, et la vente ou la location de jardins formant dépendances des habitations, soit l'achat d'immeubles destinés à ces usages.

Elle peut, à cet effet, acquérir, construire, aliéner, prendre et donner en location.

Elle peut, dans le même but, faire des prêts en vue de la construction ou de l'achat d'immeubles destinés à des habitations à bon marché et, à cet effet, contracter des emprunts et négocier toutes garanties qu'elle aurait elle-même reçues de ses emprunteurs [1].

12 avril 1906. Ils peuvent être écrits sur papier libre et sont, s'il y a lieu, enregistrés gratis. Les droits ne deviennent exigibles que si l'approbation ministérielle n'est point obtenue.

[1] Ainsi la société peut notamment faire les opérations suivantes, sans qu'il soit nécessaire de les spécifier dans les statuts :

1° L'acquisition des terrains nécessaires aux constructions, à leurs annexes ou dépendances (bains, lavoirs, etc.), et à l'établissement, s'il est besoin, de rues, égouts et autres accessoires qui pourront être reconnus utiles;

2° La construction de petites maisons, possédant autant que possible une cour et un jardin, à l'usage d'une seule famille;

3° La construction de grandes maisons à plusieurs logements ne donnant lieu qu'à de simples locations;

4° L'acquisition de tous immeubles;

5° L'amélioration, la remise en état et l'assainissement d'habitations déjà existantes, destinées à être aliénées ou sous-louées;

6° L'attribution desdits terrains ou maisons, à titre de lotissement à ses actionnaires, après libération d'un nombre d'actions dont le montant égale la valeur des terrains ou des maisons;

7° La location desdites maisons et dépendances, avec ou sans promesse d'attribution ou de vente;

8° Les prêts hypothécaires destinés à faciliter soit la construction, l'attribution ou l'acquisition, soit l'amélioration ou l'assainissement de maisons à bon marché et tous autres prêts destinés à faciliter les mêmes opérations.

Ses opérations seront limitées aux immeubles situés [1] . . . . .

ART. 3.

La dénomination de la société est : *Société anonyme coopérative à capital variable d* . . . . .

ART. 4.

La société a son siège à . . . . .

Il pourra être transféré dans une autre ville par décision du conseil d'administration.

ART. 5.

La durée de la société est [2] . . . . .

ART. 6.

Le fonds social est variable.

Le capital initial à souscrire est fixé à [3] . . . . . francs, divisé en . . . . . actions de chacune [4] . . . . .

ART. 7.

Toute personne peut souscrire des actions de la société, sous réserve de l'agrément du conseil d'administration. Il en est de même de toute association ou établissement, à charge de se faire représenter dans les assemblées générales par un seul fondé de pouvoir.

ART. 8.

Les actions sont payables :

Un dixième au moment de la souscription et préalablement à la constitution de la société. et le solde par versements [5] . . . . . d'au moins . . . . .

[1] Exemples : . . . . . dans l'arrondissement de . . . . et les cantons limitrophes et plus spécialement dans la commune de . . . . . — Ou bien : . . . . . dans les départements de Seine et Seine-et-Oise.

[2] La société doit indiquer la période pour laquelle elle se constitue : par exemple, 40 ans. Les statuts pourraient aussi déterminer la tâche que s'assigne la société et limiter sa durée à l'accomplissement de cette tâche.

[3] Le capital de fondation d'une société coopérative ne peut dépasser 200,000 fr., sauf à être augmenté ultérieurement.

[4] L'action doit être au minimum de 100 francs si le capital social est supérieur à 200,000 francs; elle peut être de 25 francs si le capital social est inférieur à 200,000 francs.

[5] Mettre : *mensuels* ou *annuels*

Tout retard dans ces versements portera intérêt de plein droit au profit de la société, à raison de 4 p. o/o l'an, et à compter de son exigibilité.

En vue de hâter la libération de ces actions, tout sociétaire a le droit d'effectuer des versements supplémentaires, en sus du versement minimum.

Pour faciliter l'épargne des sommes nécessaires à ces versements sur les actions, la société ouvre à chaque sociétaire un compte de dépôt productif d'intérêt, aux conditions fixées chaque année par l'assemblée générale.

Les actions non entièrement libérées peuvent toujours être échangées contre des actions entièrement libérées jusqu'à concurrence d'une somme égale et sauf payement de la soulte nécessaire.

ART. 9.

Chaque action donne droit, au prorata des sommes versées et non remboursées, à un intérêt qui ne pourra être supérieur à 4 p. o/o.

Les actions appartenant à des locataires servent de garantie aux engagements qu'ils peuvent avoir avec la société; ces actions sont transférées en nantissement à cette dernière, et le titre qui demeure aux mains du locataire doit porter mention de ce nantissement.

ART. 10.

Les actions sont nominatives, même après leur entière libération. Elles sont représentées par un certificat détaché d'un registre à souche, numéroté, revêtu de la signature de deux administrateurs et frappé du timbre de la société.

Elles sont indivisibles vis-à-vis de la société, qui ne reconnaît qu'un seul propriétaire pour une action. Si une même action a plusieurs propriétaires, ceux-ci sont tenus de se faire représenter auprès de la société par une seule et même personne.

La cession des actions ne peut avoir lieu que par une déclaration de transfert inscrite sur les registres de la société et signée du cédant et du cessionnaire ou de leurs mandataires, avec le visa de l'administrateur. Toutefois les actions ne pourront être cédées que si les versements exigibles ont été effectués, et si le cédant n'est à aucun titre débiteur de la société.

ART. 11.

Si les locataires sociétaires ou locataires acquéreurs usent de la faculté de contracter une assurance temporaire à la Caisse nationale d'assurance en cas de décès, la police d'assurance sera faite au profit de la société.

La société peut elle-même contracter cette assurance sur leur tête.

ART. 12.

Sur la proposition du conseil d'administration, le fonds social peut être augmenté, chaque année, par décision de l'assemblée générale, au moyen de versements en espèces. Dans ces augmentations successives, un droit de préférence est réservé aux actionnaires.

Il peut être réduit, mais sans descendre au-dessous du dixième soit du capital initial, s'il n'a pas été augmenté, soit, en cas d'augmentation du chiffre auquel ce capital a été porté. Cette réduction ne peut résulter que :

1° De l'attribution de leurs maisons, à titre de lotissement, aux sociétaires,.après libération entière de leurs actions. Les actions de ces sociétaires, qui cesseront ainsi de faire partie de la société, seront annulées, sans qu'ils puissent prétendre à aucune part proportionnelle de la réserve sociale;

2° De l'amortissement par voie de tirage au sort des actions entièrement libérées;

3° De l'échange d'actions partiellement libérées en actions entièrement libérées;

4° De l'exclusion des sociétaires, qui sera prononcée, sur la proposition du conseil d'administration, par l'assemblée générale extraordinaire.

ART. 13.

Aucune maison ne peut être construite ou achetée et mise en état que sur la demande d'un sociétaire ou d'un groupe de sociétaires possédant un nombre d'actions dont la valeur soit égale au prix de revient de ladite maison.

Les maisons sont construites ou transformées suivant les plans et devis choisis par le sociétaire ou le groupe de sociétaires, et approuvés par le conseil d'administration. Ces maisons peuvent être isolées ou réunies par groupe.

ART. 14.

Un sociétaire seul ne peut demander la construction que d'une maison distribuée pour l'habitation de sa famille.

Un groupe de sociétaires peut demander la construction d'une maison à plusieurs ménages, à condition que ces sociétaires l'habiteront eux-mêmes et seront solidairement responsables vis-à-vis de la société.

Les sociétés de prévoyance peuvent demander la construction d'une ou de plusieurs maisons, mais à l'usage de leurs sociétaires seulement, et à la condition de demeurer tenues des obligations de leurs adhérents.

ART. 15.

Aucune construction ne pourra être commencée tant que la société n'aura pas en caisse la totalité du prix d'estimation.

Si les fonds disponibles de la société ne permettent pas de satisfaire à toutes les demandes de lotissement ou de construction formées par des sociétaires, il sera procédé au tirage au sort des demandes dans les conditions fixées par l'assemblée générale.

Toute personne ou société qui souscrira un nombre d'actions entièrement libérées suffisant pour permettre la construction d'une ou de plusieurs habitations aura le droit de désigner, en souscrivant, le sociétaire qui devra occuper l'habitation.

ART. 16.

Les maisons sont données à bail aux sociétaires où groupes de sociétaires qui en ont demandé la construction ou l'achat pour une période égale à celle de la libération des actions représentatives du prix de revient, le bail finissant le jour même du dernier versement de libération.

Toutefois le sociétaire locataire pourra auparavant mettre fin au bail, dans les conditions et sous les clauses pénales déterminées par ledit bail.

ART. 17.

La société est administrée par un conseil composé de..... membres, qui se renouvelle tous les ans par [1]..... Pour les [2]..... premières années, ce renouvellement aura lieu par tirage au sort. Le roulement une ois établi, le renouvellement a lieu par ancienneté.

Les membres sortants sont toujours rééligibles.

[1] Par tiers ou par quart, selon que le nombre des membres sera divisible par trois ou par quatre.

[2] Mettre: pour les *deux*, ou pour les *trois* premières années, selon que le renouvellement doit avoir lieu par *tiers* ou par *quart*.

ART. 18.

Les membres du conseil d'administration doivent être propriétaires, en leur nom personnel, pendant toute la durée de leurs fonctions, chacun de [1]..... actions affectées à la garantie des actes de gestion.

Leurs fonctions sont gratuites, même pour celui d'entre eux qui serait chargé de la direction de la société.

ART. 19.

Les administrateurs sont nommés et peuvent être révoqués par l'assemblée générale.

En cas de vacance dans le sein du conseil d'administration, par décès, démission ou autre cause, les membres restants pourvoient au remplacement jusqu'à la prochaine assemblée générale, qui procède à l'élection définitive.

Les fonctions du nouveau membre cessent à l'époque où auraient cessé celles du membre qu'il remplace.

ART. 20.

Chaque année, le conseil d'administration nomme parmi ses membres un bureau composé d'un président, d'un vice-président et d'un secrétaire [2].

Le conseil d'administration se réunit aussi souvent que l'intérêt de la société l'exige et au moins une fois par trimestre [3].

La présence de [4]..... membres au moins est nécessaire pour la validité de ses délibérations.

Les délibérations sont prises à la majorité des membres présents. En cas de partage, la voix du président est prépondérante.

Les délibérations du conseil, ainsi que les délibérations des assemblées générales, sont constatées par des procès-verbaux inscrits sur des registres tenus au siège de la société et signés par le président et le secrétaire de la séance.

Les copies ou extraits de ces délibérations, ainsi que des bilans, sont certifiés et signés par deux administrateurs, dont l'un membre du bureau.

---

[1] Spécifier ici un nombre d'actions représentant *au moins* 500 francs de capital.

[2] Les statuts peuvent aussi prévoir la nomination d'un trésorier.

[3] Ou bien : *au moins quatre fois par an.*

[4] Ce nombre doit être d'au moins trois membres, sans être inférieur au tiers des membres composant le conseil.

ART. 21.

Le conseil d'administration est investi des pouvoirs les plus étendus pour la gestion et l'administration de la société.

Il fait ou autorise tous les actes rentrant dans l'objet de la société; il peut notamment :

Acheter, vendre, échanger et faire toutes attributions à titre de lotissement aux sociétaires; toucher et recevoir, faire et accepter tous baux et locations, avec ou sans promesse d'attribution; convertir au porteur et aliéner toutes valeurs quelconques;

Consentir, même sans payement, tout désistement de privilège, hypothèque, action résolutoire et autres droits réels; faire mainlevée de toutes inscriptions, saisies, oppositions et autres empêchements quelconques, le tout même sans payement; consentir toutes antériorités et toutes subrogations avec ou sans garanties; traiter, transiger, compromettre, acquiescer;

Contracter des emprunts jusqu'à concurrence d'une somme principale de [1]....., en conférant hypothèque sur les immeubles sociaux, émettre tous titres en représentation des emprunts; fixer le mode et les conditions du droit de contrôle qui peut être consenti aux prêteurs;

Déléguer une ou plusieurs personnes pour l'exécution des actes délibérés par le conseil.

Tous les actes concernant la société doivent être signés par deux administrateurs, dont un membre du bureau, à moins d'un mandat spécial donné par le conseil d'administration.

ART. 22.

L'assemblée générale nomme ..... commissaires-vérificateurs et, au besoin, un suppléant; ils sont élus pour un an et rééligibles. Leurs fonctions sont gratuites; toutefois, s'ils sont étrangers à la société, ils peuvent recevoir une rémunération fixée par l'assemblée générale.

[1] La somme à inscrire ne doit pas dépasser le montant du capital social initialement souscrit.

Si l'on préfère laisser au conseil d'administration un pouvoir permanent d'emprunt jusqu'à concurrence du montant du capital social existant et défalcation faite, le cas échéant, des emprunts précédemment remboursés, il convient de substituer le texte suivant :

Contracter tous emprunts jusqu'à concurrence du montant du capital social et, en cas de remboursement de ces emprunts, en contracter de nouveaux dans la même limite

Ils veillent à l'exécution des statuts de la société; ils ont le droit de vérifier la comptabilité et la caisse; ils font un rapport annuel à l'assemblée générale et peuvent, en cas d'urgence, convoquer une assemblée extraordinaire.

ART. 23.

L'assemblée générale régulièrement constituée représente et oblige l'universalité des actionnaires.

Tout actionnaire a le droit d'assister à l'assemblée générale.

Nul ne peut s'y faire représenter que par un actionnaire fondé de pouvoir.

Les femmes mariées et les mineurs peuvent être représentés par leurs maris ou tuteurs.

ART. 24.

L'assemblée générale se réunit de droit chaque année, dans le premier trimestre qui suit la clôture de l'inventaire. Elle se réunit en outre extraordinairement toutes les fois que le conseil en reconnaît l'utilité, ou encore sur la réquisition écrite d'actionnaires représentant au moins le quart du capital social.

ART. 25.

Les assemblées générales sont convoquées, vingt jours au moins à l'avance, par lettres individuelles et par avis inséré dans un journal de . . . . .

Les lettres et avis indiquent les objets à l'ordre du jour de la réunion.

Par exception, l'assemblée générale constitutive, ainsi que chacune des assemblées générales appelées à décider de toute augmentation du capital social, pourra n'être convoquée que huit jours à l'avance.

ART. 26.

Les assemblées générales sont présidées par le président du conseil d'administration, à son défaut par le vice-président et, à défaut de ce dernier, par l'administrateur que désigne le conseil.

Les deux plus forts actionnaires acceptants remplissent les fonctions de scrutateurs.

Les assemblées désignent le secrétaire, qui peut ne pas être actionnaire.

Aucun autre objet que ceux à l'ordre du jour ne peut être mis en délibération.

Les propositions à soumettre aux assemblées générales doivent être adressées au conseil un mois au moins avant la date de réunion desdites assemblées. Celles qui réuniront les signatures d'un dixième des actionnaires ou d'actionnaires représentant le dixième du capital social figureront de droit à l'ordre du jour.

ART. 27.

Les délibérations sont prises à la majorité des voix.

La propriété d'une action donne droit à une voix. Les actions en sus donnent droit à autant de voix qu'elles représentent de fois un capital de 500 francs, sans que chaque actionnaire puisse, soit par lui-même, soit comme actionnaire fondé de pouvoir, posséder plus de dix voix.

En cas de partage, la voix du président est prépondérante.

ART. 28.

L'assemblée générale ordinaire entend le rapport du ou des commissaires sur la situation de la société, sur le bilan et sur les comptes présentés par les administrateurs.

Elle discute, approuve ou rejette les comptes et fixe le dividende dans la limite de l'article 31.

Elle choisit les commissaires et nomme les administrateurs.

Elle donne au conseil d'administration tous les pouvoirs nécessaires à l'effet d'emprunter et d'hypothéquer les immeubles sociaux au delà des limites fixées par l'article 21 et, s'il y a lieu, tous les autres pouvoirs nécessaires pour les cas non prévus.

Elle fixe les sommes affectées à l'amortissement du capital social par l'annulation définitive des actions remboursées.

Enfin, d'une manière générale, elle prononce sur tous les intérêts de la société.

ART. 29.

Une assemblée générale extraordinaire peut apporter aux présents statuts toutes additions et modifications reconnues utiles.

Elle peut aussi, sur la proposition du conseil, autoriser soit la continuation de la société au delà du terme fixé, soit la dissolution avant ce terme, soit la fusion ou l'alliance avec d'autres sociétés.

ART. 30.

L'année sociale commence le 1er janvier et finit le 31 décembre. Le premier exercice comprend le temps écoulé entre la date de la constitution définitive et le 31 décembre de l'année suivante.

Il sera dressé, chaque semestre, un état sommaire de la situation active et passive de la société et, au 31 décembre de chaque année, un inventaire général de l'actif et du passif.

Dans les trois mois qui suivent la clôture de l'exercice, le compte rendu de l'assemblée générale et le bilan sont adressés au Ministre du travail et de la prévoyance sociale par l'intermédiaire du préfet.

ART. 31.

Après l'acquittement des charges de toute nature, il est opéré sur les bénéfices :

1° Un prélèvement de 5 p. o/o pour former le fonds dit de *réserve légale*, lequel devient facultatif, lorsque ce fonds de réserve a atteint le dixième du capital social ;

2° Un dividende maximum de 4 p. o/o par an du capital non remboursé, le dividende revenant aux actions non libérées devant être employé à leur libération.

Le surplus, s'il en existe, forme une réserve spéciale destinée à assurer le développement de l'œuvre, à parer aux éventualités et, en cas d'insuffisance dans le produit net, à permettre la majoration des dividendes jusqu'à concurrence du maximum de 4 p. o/o du capital non remboursé.

ART. 32.

En cas de perte de la moitié du fonds social, la dissolution de la société a lieu de plein droit.

ART. 33.

En cas de dissolution de la société, la liquidation s'opère par les soins du conseil d'administration alors en exercice, à moins de décision contraire de l'assemblée générale. La nomination des liquidateurs met alors fin aux pouvoirs des administrateurs et de tout mandataire.

L'actif net de la société dissoute, après remboursement de la totalité du capital social, sera employé de la façon indiquée par délibération d'une assemblée générale représentant le tiers de ce capital. Si cette assemblée ne réunit pas cette condition, la seconde assemblée convoquée dans le même but délibérera valablement, quelle que soit la portion du capital représenté.

ART. 34.

Les présents statuts, ainsi que toutes modifications qui y seraient apportées, seront soumis à l'approbation du Ministre du travail et de la prévoyance sociale.

ART. 35.

Pour la publication des présents statuts et des actes et procès-verbaux de constitution de la société, tous pouvoirs sont donnés au porteur d'une expédition ou d'un extrait.

II

STATUTS-TYPES [1]

DE

SOCIÉTÉS DE CONSTRUCTION ET DE CRÉDIT

RÉGIES PAR LA LOI DU 12 AVRIL 1906.

(FORME ANONYME.)

ARTICLE PREMIER.

Il est formé entre les souscripteurs des actions ci-après créées une société anonyme qui sera régie par les présents statuts et par les lois en vigueur tant sur les sociétés que sur les habitations à bon marché.

[1] Les statuts peuvent être établis : soit par acte sous seing privé (il est préférable d'en faire quatre originaux, dont deux serviront à la publication légale), — soit par acte notarié. Dans tous les cas, la souscription intégrale des actions et le versement exigé par la loi doivent être constatés par une déclaration des fondateurs dans un acte notarié.

Si les statuts sont *identiquement* conformes au présent type, ils pourront être l'objet d'une approbation *immédiate*. Dans le cas contraire, ils seront préalablement soumis à un examen spécial du Comité de patronage et du Comité permanent du Conseil supérieur des habitations à bon marché.

Dans tous les cas, les projets de statuts devront être adressés au Ministre du travail et de la prévoyance sociale, en trois exemplaires, par les fondateurs de la société. Lorsque l'approbation ministérielle sera intervenue, les fondateurs devront procéder, au plus tard dans les six mois de cette approbation, à la constitution définitive de la société.

Tous les actes nécessaires, avant l'approbation du Ministre du travail et de la prévoyance sociale, à la rédaction des statuts ou à la constitution de la société bénéficient par avance des exemptions fiscales spécifiées à l'article 11 de la loi du 12 avril 1906. Ils peuvent être écrits sur papier libre et sont, s'il y a lieu, enregistrés gratis. Les droits ne deviennent exigibles que si l'approbation ministérielle n'est point obtenue.

ART. 2.

La société a pour objet de réaliser dans les conditions et pour l'application de la législation sur les habitations à bon marché, soit l'acquisition, la construction, la vente ou la location d'habitations salubres et à bon marché, ainsi que de leurs dépendances ou annexes, telles que jardins, bains et lavoirs, soit l'amélioration et l'assainissement d'habitations existantes, et la vente ou la location de jardins formant dépendances des habitations, soit l'achat d'immeubles destinés à ces usages.

Elle peut, à cet effet, acquérir, construire, aliéner, prendre et donner en location.

Elle peut, dans le même but, faire des prêts en vue de la construction ou de l'achat d'immeubles destinés à des habitations à bon marché, et, à cet effet, contracter des emprunts et négocier toutes garanties qu'elle aurait elle-même reçues de ses emprunteurs [1].

Ses opérations seront limitées aux immeubles situés [2]...

[1] Ainsi la société peut notamment faire les opérations suivantes, sans qu'il soit nécessaire de les spécifier dans les statuts :

1° L'acquisition des terrains nécessaires aux constructions, à leurs annexes ou dépendances (bains, lavoirs, etc.), et à l'établissement, s'il est besoin, de rues, égouts et autres accessoires qui pourront être reconnus utiles ;

2° La construction de petites maisons, possédant autant que possible une cour et un jardin, à l'usage d'une seule famille ;

3° La construction de grandes maisons à plusieurs logements, ne donnant lieu qu'à de simples locations ;

4° L'acquisition de tous immeubles ;

5° L'amélioration, la remise en état et l'assainissement d'habitations déjà existantes, destinées à être aliénées ou sous-louées ;

6° La vente desdits terrains ou maisons à des personnes peu fortunées, en leur donnant la faculté de se libérer au moyen de mensualités ou d'annuités comprenant, outre le loyer, l'amortissement et les frais généraux, et, s'il y a lieu, l'assurance temporaire ;

7° La location desdites maisons et dépendances, avec ou sans promesse de vente ;

8° Les prêts hypothécaires destinés à faciliter, soit la construction ou l'acquisition, soit l'amélioration ou l'assainissement de maisons à bon marché, et tous autres prêts destinés à faciliter les mêmes opérations.

[2] Exemples : Dans l'arrondissement de... et les cantons limitrophes et plus spécialement dans la commune de..... — Ou bien : .....dans les départements de Seine et Seine-et-Oise.

ART. 3.

La dénomination de la société est *Société anonyme d*...

ART. 4.

La société a son siège à...
Il pourra être transféré dans une autre ville par décision du conseil d'administration.

ART. 5.

La durée de la société est [1]...

ART. 6.

Le fonds social est fixé à...
Il est divisé en actions de [2]..... chacune.

ART. 7.

Le quart au moins sera versé en espèces sur chaque action préalablement à la constitution de la société.

Le surplus sera appelé en totalité ou par versements successifs suivant décision du conseil d'administration, dans [3]... mois de la notification de cette décision.

ART. 8.

Tout versement appelé sur les actions portera intérêt de plein droit, au profit de la société, à raison de 4 p. o/o l'an et à compter de son exigibilité.

ART. 9.

Les actions sont nominatives. Elles sont représentées par un certificat détaché d'un registre à souche numéroté, revêtu de la signature de deux administrateurs et frappé du timbre de la société.

[1] La société doit indiquer la période pour laquelle elle se constitue : par exemple, 4o ans.
Les statuts pourraient aussi déterminer la tàche que s'assigne la société et limiter sa durée à l'accomplissement de cette tàche.
[2] L'action doit être, au minimum, de 1oo francs, si le capital social est supérieur à 2oo,ooo francs; elle peut être de 25 francs, si le capital social est inférieur à 2oo,ooo francs.
[3] Par exemple : *dans le mois* ou *dans les trois mois*.

Elles sont indivisibles vis-à-vis de la société, qui ne reconnaît qu'un seul propriétaire pour une action. Si une même action a plusieurs propriétaires, ceux-ci sont tenus de se faire représenter auprès de la société par une seule et même personne.

La cession des actions ne peut avoir lieu que par une déclaration de transfert, inscrite sur les registres de la société, et signée du cédant et du cessionnaire, ou de leurs mandataires, avec le visa de l'administrateur.

ART. 10.

Si les locataires acquéreurs usent de la faculté de contracter une assurance temporaire à la Caisse nationale d'assurances en cas de décès, la police d'assurance sera faite au profit de la société.

La société peut elle-même contracter cette assurance sur leur tête.

ART. 11.

La société est administrée par un conseil composé de... membres, qui se renouvelle tous les ans par[1]... Pour les[2]... premières années, ce renouvellement aura lieu par tirage au sort. Le roulement une fois établi, le renouvellement a lieu par ancienneté.

Les membres sortants sont toujours rééligibles.

ART. 12.

Les membres du conseil d'administration doivent être propriétaires, en leur nom personnel, pendant toute la durée de leurs fonctions, chacun de[3]... actions, affectées à la garantie des actes de gestion.

Leurs fonctions sont gratuites, même pour celui d'entre eux qui serait chargé de la direction de la société.

ART. 13.

Les administrateurs sont nommés et peuvent être révoqués par l'assemblée générale.

En cas de vacance dans le sein du conseil d'administration, par décès,

[1] Par exemple : *par tiers* ou *par quart*, selon que le nombre des membres sera divisible par trois ou par quatre.

[2] Mettre : pour les *deux* ou pour les *trois* premières années, selon que le renouvellement doit avoir lieu par *tiers* ou par *quart*.

[3] Spécifier ici un nombre d'actions représentant *au moins* 5oo francs de capital.

démission ou autre cause, les membres restants pourvoient au remplacement, jusqu'à la prochaine assemblée générale, qui procède à l'élection définitive.

Les fonctions du nouveau membre cessent à l'époque ou auraient cessé celles du membre qu'il remplace.

ART. 14.

Chaque année, le conseil d'administration nomme parmi ses membres un bureau composé d'un président, d'un vice-président et d'un secrétaire [1].

Le conseil d'administration se réunit aussi souvent que l'intérêt de la société l'exige et au moins une fois par trimestre [2].

La présence de [3]... membres, au moins, est nécessaire pour la validité de ses délibérations.

Les délibérations sont prises à la majorité des membres présents, et en cas de partage la voix du président est prépondérante.

Les délibérations du conseil ainsi que les délibérations des assemblées générales sont constatées par des procès-verbaux inscrits sur des registres tenus au siège de la société et signés par le président et le secrétaire de la séance.

Les copies ou extraits de ces délibérations, ainsi que des bilans, sont certifiés et signés par deux administrateurs, dont l'un membre du bureau.

ART. 15.

Le conseil d'administration est investi des pouvoirs les plus étendus pour la gestion et l'administration de la société.

Il fait ou autorise tous les actes rentrant dans l'objet de la société; il peut notamment :

Acheter, vendre, échanger; toucher et recevoir; faire et accepter tous baux et locations, avec ou sans promesse de vente; convertir au porteur et aliéner toutes valeurs quelconques;

Consentir, même sans payement, tout désistement de privilège, hypothèque, action résolutoire et autres droits réels, faire mainlevée de toutes inscriptions, saisies, oppositions et autres empêchements quelconques, le tout même sans payement; consentir toutes antériorités et toutes

[1] Les statuts peuvent aussi prévoir la nomination d'un trésorier.
[2] Ou bien : *au moins quatre fois par an.*
[3] Ce nombre doit être d'au moins trois membres, sans être inférieur au tiers des membres composant le conseil.

subrogations avec ou sans garanties; traiter, transiger, compromettre, acquiescer;

Contracter des emprunts jusqu'à concurrence d'une somme principale de[1]..... en conférant hypothèque sur les immeubles sociaux, émettre tous titres en représentation des emprunts, fixer le mode et les conditions du droit de contrôle qui peut être consenti aux prêteurs;

Déléguer une ou plusieurs personnes pour l'exécution des actes délibérés par le conseil.

Tous les actes concernant la société doivent être signés par deux administrateurs dont un membre du bureau, à moins d'un mandat spécial donné par le conseil d'administration.

ART. 16.

L'assemblée générale nomme ... commissaires-vérificateurs et, au besoin, un suppléant; ils sont élus pour un an et rééligibles. Leurs fonctions sont gratuites; toutefois, s'ils sont étrangers à la société, ils peuvent recevoir une rémunération fixée par l'assemblée générale.

Ils veillent à l'exécution des statuts de la société; ils ont le droit de vérifier la comptabilité et la caisse; ils font un rapport annuel à l'assemblée générale et peuvent, en cas d'urgence, convoquer une assemblée extraordinaire.

ART. 17.

L'assemblée générale régulièrement constituée représente et oblige l'universalité des actionnaires.

Tout actionnaire a le droit d'assister à l'assemblée générale. Nul ne peut s'y faire représenter que par un actionnaire fondé de pouvoir.

Les femmes mariées et les mineurs peuvent être représentés par leurs maris ou tuteurs.

---

[1] La somme à inscrire ne doit pas dépasser le montant du capital social initialement souscrit.

Si on préfère laisser au conseil d'administration un pouvoir permanent d'emprunt jusqu'à concurrence du montant du capital social existant et défalcation faite, le cas échéant, des emprunts précédemment remboursés, il convient de substituer le texte suivant :

Contracter tous emprunts jusqu'à concurrence du montant du capital social, et en cas de remboursement de ces emprunts en contracter de nouveaux dans la même limite.

ART. 18.

L'assemblée générale se réunit de droit chaque année, dans le premier trimestre qui suit la clôture de l'inventaire. Elle se réunit en outre extraordinairement toutes les fois que le conseil en reconnaît l'utilité, ou encore sur la réquisition écrite d'actionnaires représentant au moins le quart du capital social.

ART. 19.

Les assemblées générales sont convoquées, vingt jours au moins à l'avance, par lettres individuelles et par avis inséré dans un journal de...

Les lettres et avis indiquent les objets à l'ordre du jour de la réunion.

Par exception, l'assemblée générale constitutive, ainsi que chacune des assemblées générales appelées à sanctionner toute augmentation du capital social, pourra n'être convoquée que huit jours à l'avance.

ART. 20.

Les assemblées générales sont présidées par le président du conseil d'administration, à son défaut par le vice-président et, à défaut de ce dernier, par l'administrateur que désigne le conseil.

Les deux plus forts actionnaires acceptants remplissent les fonctions de scrutateurs.

Les assemblées désignent le secrétaire, qui peut ne pas être actionnaire.

Aucun autre objet que ceux à l'ordre du jour ne peut être mis en délibération.

Les propositions à soumettre aux assemblées générales doivent être adressées au conseil un mois au moins avant la date de réunion desdites assemblées. Celles qui réuniront les signatures d'un dixième des actionnaires ou d'actionnaires représentant le dixième du capital social figureront de droit à l'ordre du jour.

ART. 21.

Les délibérations sont prises à la majorité des voix.

La propriété d'une action donne droit à une voix. Les actions en sus donnent droit à autant de voix qu'elles représentent de fois un capital de 500 francs, sans que chaque actionnaire puisse, soit par lui-même, soit comme fondé de pouvoir, posséder plus de dix voix.

En cas de partage, la voix du président est prépondérante.

ART. 22

L'assemblée générale ordinaire entend le rapport du ou des commissaires sur la situation de la société, sur le bilan et sur les comptes présentés par les administrateurs.

Elle discute, approuve ou rejette les comptes et fixe le dividende dans la limite de l'article 26.

Elle choisit les commissaires et nomme les administrateurs.

Elle donne au conseil d'administration tous les pouvoirs nécessaires à l'effet d'emprunter et d'hypothéquer les immeubles sociaux au delà des limites fixées par l'article 15 et, s'il y a lieu, tous les autres pouvoirs nécessaires pour les cas non prévus.

Elle fixe les sommes affectées à l'amortissement du capital social par l'annulation définitive des actions remboursées.

Enfin, d'une manière générale, elle prononce sur tous les intérêts de la société.

ART. 23.

Une assemblée générale extraordinaire peut apporter aux présents statuts toutes additions et modifications reconnues utiles.

Elle peut aussi, sur la proposition du conseil, autoriser soit la continuation de la société au delà du terme fixé, soit la dissolution avant ce terme, soit l'augmentation du capital social, soit la réduction de ce capital, soit la fusion ou l'alliance avec d'autres sociétés.

ART. 24.

L'année sociale commence le 1er janvier et finit le 31 décembre. Le premier exercice comprend le temps écoulé entre la date de la constitution définitive et le 31 décembre de l'année suivante.

ART. 25.

Il sera dressé, chaque semestre, un état sommaire de la situation active et passive de la société et, au 31 décembre de chaque année, un inventaire général de l'actif et du passif.

Dans les trois mois qui suivent la clôture de l'exercice, le compte rendu de l'assemblée générale et le bilan sont adressés au Ministre du travail et de la prévoyance sociale, par l'intermédiaire du préfet.

ART. 26.

Après l'acquittement des charges de toute nature, il est opéré sur les bénéfices :

1° Un prélèvement de 5 p. o/o pour former le fonds dit de *réserve légale*, lequel devient facultatif, lorsque ce fonds de réserve a atteint le dixième du capital social;

2° Un dividende maximum de 4 p. o/o par an du capital non remboursé.

Le surplus, s'il en existe, forme une réserve spéciale destinée à assurer le développement de l'œuvre, à parer aux éventualités et, en cas d'insuffisance dans le produit net, à permettre la majoration des dividendes jusqu'à concurrence du maximum de 4 p. o/o du capital non remboursé.

ART. 27.

En cas de perte de la moitié du fonds social, la dissolution de la société a lieu de plein droit.

ART. 28.

En cas de dissolution de la société, la liquidation s'opère par les soins du conseil d'administration alors en exercice, à moins de décision contraire de l'assemblée générale. La nomination des liquidateurs met alors fin aux pouvoirs des administrateurs et de tout mandataire.

L'actif net de la société dissoute, après remboursement de la totalité du capital social, sera employé de la façon indiquée par délibération d'une assemblée générale représentant le tiers de ce capital. Si cette assemblée ne réunit pas cette condition, la seconde assemblée convoquée dans le même but délibérera valablement, quelle que soit la portion du capital représentée.

ART. 29.

Les présents statuts, ainsi que toutes modifications qui y seraient apportées, seront soumis à l'approbation du Ministre du travail et de la prévoyance sociale.

ART. 30.

Pour la publication des présents statuts et des actes et procès-verbaux de constitution de la société, tous pouvoirs sont donnés au porteur d'une expédition ou d'un extrait.

IMPRIMERIE NATIONALE. — 124-85-1907. [10860]